글 **선혜연**

대학을 졸업하고, 어린이 잡지 창간팀에 들어갔습니다. 막내 편집자로 시작해 편집장을 지내기까지
수십 권의 잡지를 만드는 동안, 어린이를 더 알게 되고 좋아하게 됐습니다. 지금은 쌍둥이 남매 선율이와
선호를 키우면서, 동네 어린이들에게 그림책을 읽어 주고, 텃밭 농사도 짓고 있습니다. 선율이와 선호를
만나면서 가족이란 뭘까 고민을 시작했습니다. 『가족 사랑하는 법』은 글을 쓴 첫 책입니다.
앞으로도 어린이들과 함께 읽을 글을 쓰고 싶습니다.

그림 **이혜란**

오랫동안 도시에서 살다가 지금은 강원도 산골에서 남편과 강아지들과 닭들과 꿀벌들과 함께 살고 있어요.
조금 많긴 하지만 모두 우리 식구예요. 『노각 씨네 옥상 꿀벌』『국민의 소리를 들어요!』『뒷집 준범이』
『짜장면 더 주세요!』『우리 가족입니다』를 쓰고 그렸고, 『돼지 오줌보 축구』『너 내가 그럴 줄 알았어』
『산나리』 등에 그림을 그렸습니다.

가족 사랑하는 법

2018년 3월 2일 1판 1쇄
2024년 3월 10일 1판 8쇄

ⓒ선혜연, 이혜란, 곰곰 2018

글 : 선혜연 | 그림 : 이혜란 | 기획·편집 : 곰곰_전미경, 안지혜 | 디자인 : 권석연 | 편집관리 : 그림책팀
제작 : 박흥기 | 마케팅 : 이병규, 양현범, 이장열, 김지원 | 홍보 : 조민희 | 인쇄 : (주)로얄프로세스 | 제책 : 책다움
펴낸이 : 강맑실 | 펴낸곳 : (주)사계절출판사 | 등록 : 제406-2003-034호
주소 : (우)10881 경기도 파주시 회동길 252
전화 : 031)955-8588, 8558 | 전송 : 마케팅부 031)955-8595 편집부 031)955-8596
홈페이지 : www.sakyejul.net | 전자우편 : picturebook@sakyejul.com
페이스북 : facebook.com/sakyejulpicture | 트위터 : twitter.com/sakyejul
블로그 : blog.naver.com/skjmail | 인스타그램 : sakyejul_picturebook

값은 뒤표지에 적혀 있습니다. 잘못 만든 책은 구입하신 서점에서 바꾸어 드립니다.
사계절출판사는 성장의 의미를 생각합니다. 사계절출판사는 독자 여러분의 의견에 늘 귀 기울이고 있습니다.

ISBN 979-11-6094-345-0 74370 ISBN 978-89-5828-445-1 74370(세트)

자신만만 생활책

가족
사랑하는 법

선혜연 글 ★ 이혜란 그림

사계절

가족이란 뭘까?   4

가족은 어떻게 만들어질까?   12

친척을 뭐라고 불러?   14

가족 간의 싸움? 그건 전쟁이지!   16

가족끼리 잘 싸우는 법   20

어른들이 싸울 때 어떡하지?   22

어른들한테 덜 혼나는 방법   23

가족도 노력해야 친해진다 27

몸놀이로 친해지기 30

마음을 나누기 32

가족끼리 꼭 친해야 해? 33

우리 집만의 김밥 36

우리 가족, 이럴 때 부끄럽다! 37

특별한 날 보내기 39

가족은 함께 만들어 가는 것 40

가족회의하는 법 42

가족은 선택이자 운명 46

다양한 가족 48

가족이란 뭘까?

"엄마, 아직 멀었어요? 배고파요!"
범이가 배를 움켜쥐고 외쳤다.
엄마가 부엌에 들어간 지 한참 지났는데, 저녁밥은 아직이다.
평소에는 나랑 범이를 보조 요리사로 쓰는데, 오늘은 도와 달라는 말도 없다.
엄마는 카페 나무늘보에서 매니저로 일하고 있다.
하지만 언젠가는 요리사가 되는 게 꿈이다.
고소한 튀김 냄새에 배가 더 고픈 것 같다.

엄마를 닮아 나도 요리에 관심이 많다. 특히, 무엇이든 음식에 비유하는 버릇이 있다.
가장 친한 친구 가영이는 김치 같다. 김치는 담그자마자 먹어도 맛있고, 시간이 지나면
맛과 영양이 더욱 깊어진다. 가영이는 처음 사귈 때는 유쾌하고 밝아서 좋고,
시간이 지날수록 속이 깊어 더 끌리는 친구다. 나는 우리 가족을 생각하며
피클 빠진 햄버거를 그리고, 가영이를 생각하며 김치를 그렸다.

며칠 뒤, 교실에서 가영이한테
그림을 보여 주었더니,
빙긋 웃었다.

피클이 없어ㅠ,ㅠ
피클을 그려 줘!

우리 가족↑

가영 김치는 익으면 더 맛나요~!

율아, 나 좋은 생각이 났어. 조별 과제 말이야.

무슨 생각인 거지?
가영이가 저렇게 눈을 반짝이면 불안한데.

점심시간에 가영이가 조원들을 불러 모았다.
선생님은 학기 초에 조를 만들면서 '가족'이라는 주제로 조별 과제를 내 주었다.

"얘들아, 모여 봐."

"가족으로 요리책을 만들면 어떨까? 율이가 보여 줄 게 있대."

"가족으로 요리를 하는 거야? 웩, 식인종이냐?"

"뭔데? 다른 조들은 연극, 노래 같은 걸로 정했대."

"가영이, 너!"

"별건 아니고, 가영이를 김치랑 닮았다고 그려 본 거야."

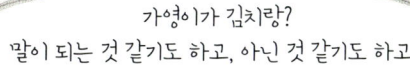
"가영이가 김치랑? 말이 되는 것 같기도 하고, 아닌 것 같기도 하고."

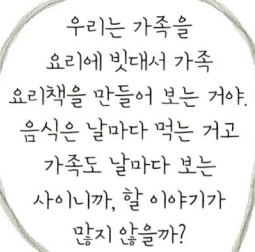
"우리는 가족을 요리에 빗대서 가족 요리책을 만들어 보는 거야. 음식은 날마다 먹는 거고 가족도 날마다 보는 사이니까, 할 이야기가 많지 않을까?"

가영이가 정리해서 말하니 조원들 모두 찬성했다. 생각해 보니 재미있을 것 같기도 하다.

"내 의견은 안 묻니?"

다음 날 특별 활동 시간에 조끼리 모였다.
각자 자기 가족을 음식으로 소개하기로 했다.

★가영이네 가족★
보글보글 보르시

우리 집은 러시아 음식 보르시 같아.
보르시는 고기랑 채소들을 넣고 끓이는
수프야. 끓이면 끓일수록 재료들이 잘 어우러져서 맛있어.
우리 가족들은 할머니나 엄마, 아빠 다 목소리가 크고
개성이 강해. 그런데 같이 오래 지내서인지
보르시처럼 어울리는 것 같아. 러시아 사람인 엄마가
사탕무처럼 붉은색 국물을 만들면, 내가 마지막에
사워크림처럼 얹어져 부드러운 맛을 내지.

와, 맛있겠다.
언제 한번 맛보고 싶다.
소개 멋진걸.

보르시 러시아에서 흔하게 먹는 수프.
붉은 사탕무에 고기와 제철 채소를 넣고 푹 끓인 뒤,
마지막에 사워크림이나 마요네즈를 얹는다.

★혜린이네 가족★
둥글둥글 김밥

우리 집은 언제 먹어도 맛있는 김밥 같아.
김밥은 밥이랑 단무지, 달걀, 햄같이
아주 여러 재료들이 들어가잖아. 우리 집은 할머니,
할아버지까지 식구가 많아. 그런데도 집은 항상
반듯하게 정리가 되어 있거든. 동그란 김밥이
잘 정렬된 모습이 우리 가족 같아.

옆집에 외할머니네가 사시거든. 근데 가족은 꼭 한집에 살아야 하는 거야?

가족이 몇 명인데?

아닐걸? 떨어져 사는 가족도 많잖아. 가족이 어디까지인지도 생각해 봐야겠다.

우리 집은 햄버거 같아.
혜린이네처럼 우리도 빵, 고기,
치즈, 달걀, 채소들이 잘 어우러져 맛있어.
고기 먹으면서 채소도 같이 먹으니까 몸에도 좋잖아.

어디 햄버건데?
맥오리냐, 버거퀸이냐에
따라 다르잖아.

어떤 세트로
먹느냐에 따라서도
많이 다른데.

★율이네 가족★
재료 빵빵 햄버거

★동민이네 가족★
무한 변신 카레

우리 집은 카레 같아. 카레는
여러 재료가 섞여서 훌륭한
맛을 내고, 다른 음식과도 잘 어울려. 카레 우동,
카레 돈가스, 카레 라면처럼 우리 식구들은 다른
사람들이랑 금방 친해지거든. 나는 당근이랑
감자를 싫어하는데, 그게 카레에 들어가
있으면 괜찮더라. 별로 안 좋아하는
재료들도 맛있게 바꾸는 카레가 좋아.

당근이
맛있어진다고?

우리 엄마는
어디 놀러 갈 때 카레를
한 솥 끓여 놓고 가셔서
좀 지겨워.

어째 가영이네 빼고는 좀 싱거운 것 같다.
하긴 우리 집도 아빠가 돌아가시고 나서는 '피클 빠진' 햄버거인데,
빼놓고 말했다. 우리는 앞으로 주제를 정하고 한 사람씩 맡아서 조사해 오기로 했다.
그리고 서로 의견을 덧붙여서 가족 요리책을 만들어 가기로 했다.

가족은 어떻게 만들어질까?

가족을 요리에 비유하면 찌개인 것 같아. 여러 가지 재료가 섞여서 맛을 내니까.
많고 많은 사람 중에 가족이 된 사람들은 어떻게 모인 것일까?

엄마랑 아빠가 결혼해서 가족이 됐어.

재료

여자 / 남자 / 아기 / 어린이 / 강아지 / 고양이 / 할머니 / 할아버지

결혼
사랑하는 두 사람이 만나서 함께 살아.

탄생
두 남녀가 아이를 낳아서 함께 살아.

입양
부부가 아이를 입양해서 함께 살아.

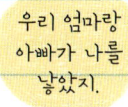

형제자매
부모님이 같은 형제, 자매, 남매도 한 가족이야.

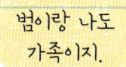

가족, 식구, 가정, 친척은 다 같은 말이야?

가족은 결혼이나 혈연으로 맺어진 집단을 말해. 식구는 한집에서 함께 밥을 먹는 사이라는 의미니까, 가족보다 더 넓은 의미로 볼 수 있어. 가정은 가족이 생활하는 집을 가리키기도 하고, 가족을 말하기도 해. 친척은 아버지의 가족과 어머니의 가족을 다 아울러 이르는 말이야.

가족은 무한 변신이 가능해

가족이 늘어나
부모님이 만든 가족에 속했다가, 결혼하면 아내나 남편과도 가족이 돼.

가족이 줄어
죽음이나 이혼 같은 일로 가족이 줄기도 해.

따로 사는 할머니, 할아버지도 가족일까?
할머니, 할아버지는 엄마의 엄마와 아빠, 아빠의 엄마와 아빠잖아. 같이 살면 당연히 가족이고, 따로 살아도 넓은 의미로 가족이야.

요리와 가족의 공통점
지지고 볶는 건 요리할 때 쓰는 말인데 가족한테도 잘 쓰는 표현이야. 싱겁다, 심심하다, 담백하다는 말도 음식의 맛을 표현하는 말이면서 사람한테도 잘 쓰는 말이야.

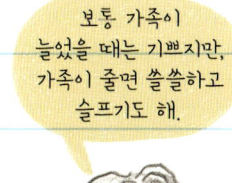

가족 간의 싸움?
그건 전쟁이지!

학교가 끝나고 집에 돌아와 보니, 방이 엉망이었다.
보나 마나 범이 짓이겠지. 범이는 일 학년이라서
나보다 먼저 집에 돌아온다.

"야, 내 공책 왜 함부로 만져!"

범이는 자기가 안 그랬다고 대답했지만, 손에는 내가 아끼는 공책이 들려 있다.

"너, 거짓말까지! 내 방에서 나가!"

"치, 이게 왜 누나 방이냐? 소리 지르면 엄마 남자 친구 얘기 안 해 줄 거야."

엄마의 남자 친구라니? 무슨 소리인지 모르겠다.

"오늘 나랑 엄마랑 민우 아저씨랑 같이 놀이터에서 놀았지롱."

이때, 음식물 쓰레기를 버리러 나갔던 엄마가 들어오는 소리가 들렸다.

"쉿, 조용히 해. 엄마한테 걸리면 더 혼나니까."

범이도 입을 다물었다.

가족끼리 잘 싸우는 법

가족들은 같은 집에 살면서 많은 것을 함께하기 때문에 부딪칠 일도 많아.
그런데 가족끼리 싸우면 나쁜 걸까? 꼭 나쁜 건 아니야.
오히려 문제를 발견하고 해결할 기회를 주기도 해.
싸움은 잘하면 가족이란 요리를 더 맛있게 만들어 줘.

나도 범이랑 싸울 때가 많고, 그럴 때마다 짜증 나고 속상해.

정말 방이 어질러져서 화가 난 걸까?

곰곰이 생각해 봐. 오늘 학교에서 친구랑 다툰 것 때문에 기분이 나빠서 더 화가 난 건 아닐까?

지금 일과 상관없는 일을 끌어다가 따지지 말자.

그러다 보면 서로 상대가 예전에 잘못한 일들을 생각해 내고 따지느라 싸움이 끝나지 않을걸?

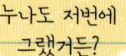
너는 어떻게 맨날 이러냐?
누나도 저번에 그랬거든?

싸움은 동등하게 하는 거다.

"감히 누나한테 대들어?"
"누나가 동생한테 양보해야지!"
서로 자기 위치만 내세우면 싸움이 안 끝나.
누나니까, 동생이니까 어떻게 하라는 것보다는
싸움의 진짜 원인에 집중하자.

탕평채 옛날에 임금이 신하들이 무리 지어서 서로 싸우는 걸 막으려고 '탕평채'라는 음식을 신하들에게 주었다. 여러 색깔의 재료들이 서로 섞여 조화로운 맛을 이루듯이 싸우지 말라는 뜻이었다.

그런데 싸움은 이겨야 좋은 거 아냐?

싸움에서 이긴다는 건 어떤 걸까? 상대방이 잘못했다고 용서를 비는 것? 그걸 바라는 거야? 싸움에서 이기는 건, 상대방이 나를 알아주는 거야. '아, 그거 누나가 아끼는 거였구나. 정말 속상했겠다. 다시는 그러지 말아야지.' 하는 거지. 물론 나도 마찬가지야. '범이가 몰라서 그런 거니까, 다음부터 그러지 않도록 말해 줘야겠다.' 이렇게 싸우고 화해하는 게 싸움에서 모두 이기는 거지. 잘 안 될 때가 더 많겠지만.

몰랐어, 누나. 이제 안 쓸게.

이 공책은 내가 정말 아끼는 공책이거든.

내 기분이 어떤지부터 이야기해 봐.

누나나 동생이 뭘 얼마나 잘못했는지부터 따지지 말기. 그러면 그쪽도 기분이 나빠지거든.

내가 제일 아끼는 공책이니까 더 속상한 건데, 엄마는 누나니까 양보하라고 하시면……

부모님이 자꾸 동생 편을 들어!

형제, 자매, 남매끼리 싸울 때 부모님이 중재하는 일이 많아. 부모님은 공정하려고 노력하지만 실수할 때가 있어. 내가 잘못하지 않았는데 오해할 때도 있지. 그럴 때는 차근차근 마음을 말하는 게 좋아.

앞으로 어떻게 하면 좋겠는지도 말해.

구체적으로 말하는 게 좋아. 그렇다고 너무 어려운 요구를 하면 지키기 어렵지. 내 물건을 하나도 만지지 말라고 하면 못 지킨다고.

이건 싸움이 아니라 차별에 항거하는 거라고!

보통 첫째들은 형이니까, 언니니까 양보하라는 말을 많이 들어. 동생들은 형, 언니한테 그러면 안 된다는 말을 듣지. 각자 불공평하다고 느낄 수 있어. 그럴 때는 부모님께 솔직하게 말하기.

형제자매가 없다면 싸울 일도 없다

형제자매가 없다면 혼자서 부모님 사랑을 독차지하고, 물건도 나눠 쓰지 않으니 좋을 거야. 하지만 외롭고 심심할 때도 있겠지. 장단점이 있지만, 우리가 선택하기 어려운 일이지.

어른들이 싸울 때 어떡하지?

우리 집에선 어른들끼리 싸울 때가 더 많았어.

어른들은 아이들이 보지 않을 때 싸우려고 노력한대. 그런데 너무 화가 나서 아이들 앞에서 싸울 때도 있어. 또 목소리를 높이지 않더라도 서로 아무 말 안 하면서 싸우기도 해. 우리가 모를 줄 알고?

내 탓이라고 생각하지 말자.
어른들이 왜 싸우는지 우리가 알기는 어려워.

어른들 일은 우리 생각보다 훨씬 복잡하대. 원인은 딴 데 있을 테니 괜히 내 탓이라는 생각에 주눅 들지 말자.

내 탓이 아니듯이
내가 어른들 싸움을 해결할 수는 없어.

부모님이 싸우다가 이혼을 하지 않을까 불안할 수도 있어. 아직 일어나지 않은 일을 미리 걱정할 필요는 없어.

어른들한테 덜 혼나는 방법

우리한테 참 중요한 문제지. 어른들한테 혼날까 봐 무서울 때가 많잖아. 내가 잘못한 거 아니까 미리 겁먹는 거지. 그럴 땐 이렇게 해 보자.

잘못한 게 있으면 먼저 솔직하게 말하자.

그러면 솔직함 점수를 받을 거야. 무섭지만 꾹 참고 말해 봐. 이때 잘못을 인정해야지, 자꾸 변명을 늘어놓으면 더 안 좋아.

잘못을 고백하기 좋은 시간을 찾아라.

부모님이 바쁘거나 싸울 때 고백했다가는 더 화를 내실지도 몰라. 가족들이 여유 있는 시간에 기분을 살펴서 이야기해.

꾸중 들을 때 우는 건 좋지 않아.

운다고 더 혼날 수도 있다고. 제대로 네 잘못을 인정하지 못해서, 용서받는 데 더 오래 걸릴 수 있어.

입 꾹 다물고 있는 것도 아니야.

그러다가는 못 알아들은 줄 알고 꾸중의 말이 더 길어질 거야. 어른들의 말을 잘 알아들었고, 반성하고 있다는 표현을 해.

억울하게 혼날 때도 있어.

그럴 때 흥분해서 말해 봐야 안 통해. 억울해도 참고 조리 있게 말하자. 당장 못 했다면 나중에라도 말하는 게 좋아.

같은 잘못을 자꾸 하면 더 혼나.

같은 잘못을 반복하지 않도록 노력해야 해.

다음 날

어째 수상한데?
가게에 왜 오자고
한 거야?

뭐가? 몰라.

율아, 가영아,
여기는 엄마가 말한
민우 아저씨야.

율이랑 가영이구나. 만나서 반가워.

조금만
기다릴래? 같이
저녁 먹자.

너 그래서 기분이 안 좋았구나?

그런 거 아니야.
근데 가영아, 너도
저녁 같이 먹을래?

저녁 먹는 동안 민우 아저씨가
이것저것 챙겨 줬지만, 편하지 않았다.
자꾸 아저씨를 보며 웃는
범이가 얄미웠다.

가족도 노력해야 친해진다

6월이 되니, 날씨가 제법 덥다.
토요일은 혜린이 생일이었다. 우리 조원들은 학교 앞 피자집으로 초대받았다.
혜린이랑 친한 애들도 몇몇 와 있었다.
혜린이 엄마는 와 줘서 고맙다고 하더니, 피자를 주문해 주고 갔다.
주인공인 혜린이는 표정이 왠지 어두운 것 같았다.
피자를 다 먹어 갈 때쯤 혜린이 엄마가 와서 계산을 했다.
그런데 혜린이랑 엄마 분위기가 심상치 않다.
우리는 먼저 나와서 학교 놀이터로 갔다.

몸놀이로 친해지기

쑥스러워도 해 보자.

가족끼리는 당연히 서로 친하다고 생각하지만, 가만 생각해 봐. 꼭 그렇지만은 않아.
가족도 친해지려는 노력이 필요해. 이럴 때 좋은 게 몸으로 놀면서 친해지는 거야.
어렸을 때는 훨씬 자주 안고 뽀뽀도 했는데, 좀 크고 나니 어색해. 몸놀이로 풀어 보자.

김밥 말이

1 이불을 넓게 펴놓고 한 사람이 누워.

2 이불과 함께 굴리면서 김밥 말듯이 돌돌 말아.

3 다시 이불을 풀면서 놀아.

4 신나는 노래를 부르면서 해도 좋아.

손바닥 그리기

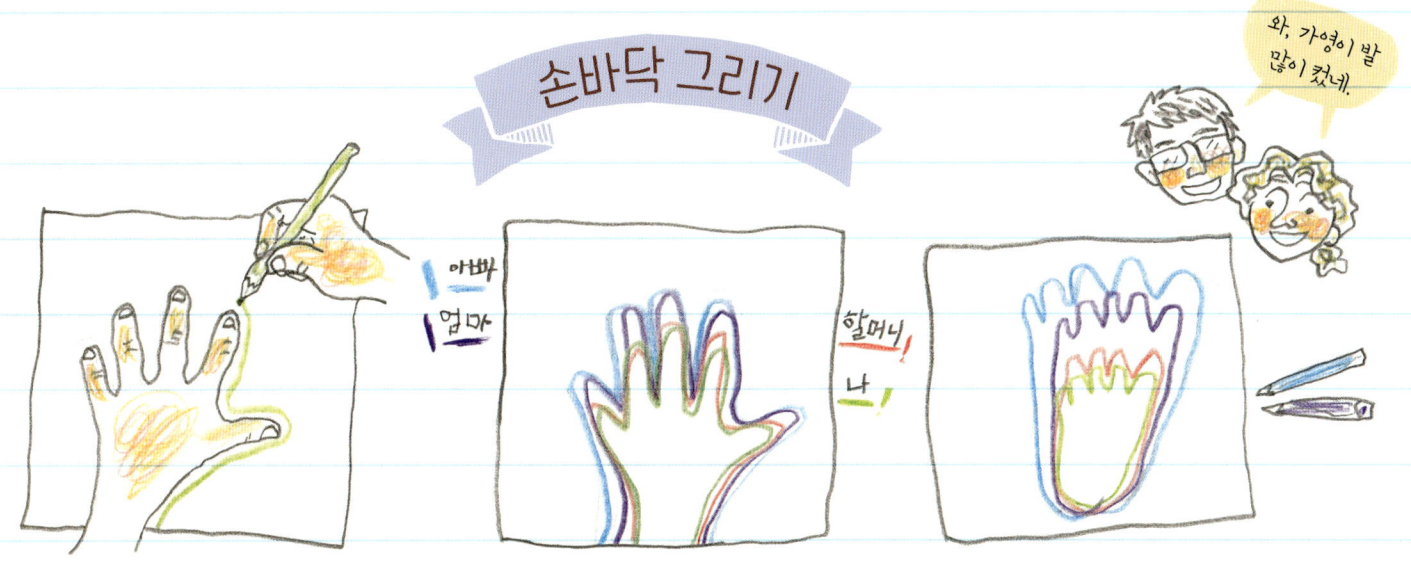

1. 큰 종이에 내 손바닥을 대고 그려 봐.
2. 다른 가족들 손바닥도 겹쳐 그려서 누가 손이 더 큰가 봐.
3. 발바닥도 그릴 수 있어. 또 어디를 그릴 수 있을까?

이불 속 발 찾기

1. 술래를 빼고 모두 바닥에 둥글게 둘러앉아.
2. 모두 다리를 펴고 이불을 덮어.
3. 다리를 서로 엇갈리게 두고 한 사람이 "발을 찾아보세요." 해.

4. 술래가 이불 위를 손으로 더듬어서 누구 발인지 찾아.
5. 술래가 찾은 발 주인공이 다음에는 술래! 탁자에 앉아서 손으로 할 수도 있어.

마음을 나누기

엄마한테 서운했던 거 말해야겠어.

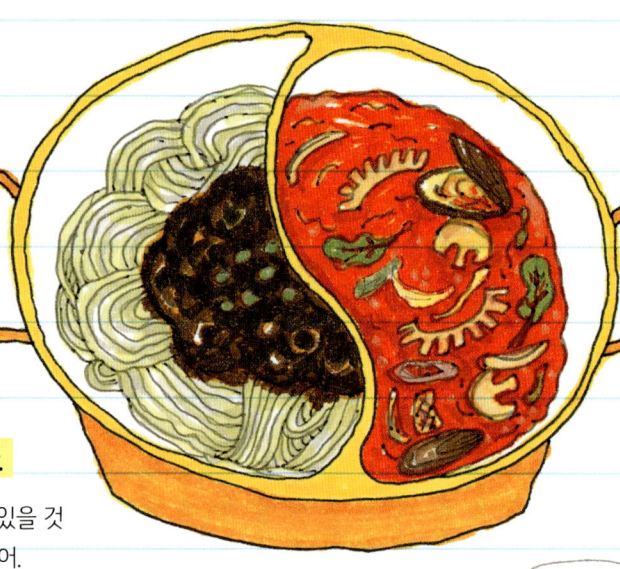

서로 이야기를 들어 주자.

가족이라면 서로 마음을 잘 알고 있을 것 같지만 말하지 않으면 알 수가 없어.
가족들이 내 마음을 알아주기 바라는 만큼, 다른 식구들에게도 물어보면 어떨까?
"엄마는 오늘 뭐 하고 싶어요?"
물론 안다고 해서 다 들어줄 수는 없어.
이따금은 말하는 것만으로도 마음이 풀리잖아.

자주 표현하자.

고마운 일이 있을 때 표현해야 해. 직접 말하거나 뽀뽀나 포옹을 하는 것도 좋고, 쑥스러우면 카드나 편지로 마음을 전해도 좋아. 화가 나는 일이 있을 때도 버럭 화를 내는 것보다 왜 화가 났는지 차근차근 이야기하는 게 좋아.

공책 고마워.

엄마에게 카드 쓰기

이렇게 표현했는데 부모님한테 아무런 답이 없다면?
부모님은 우리보다 더 쑥스러움을 많이 타는 사람일 수도 있어.
그럴 때 슬쩍 물어볼 수도 있지. 말하지 않아도 아는 사이는 없어.

엄마, 내가 그린 장미꽃 어땠어?

너무 예뻤어. 솔직히 말해 줘서 고마워, 혜린아.

가족끼리 꼭 친해야 해?

나는 아빠랑 좀 어색해. 단 둘이 있을 때는 할 말이 생각 안 나. 이게 잘못된 걸까? 그렇지는 않은 것 같아. 사람마다 성격이 다르잖아. 성격이 부드러운 사람도 있고, 무뚝뚝한 사람이 있어. 가족도 마찬가지야. 가족들이 많이 웃는 집도 있고, 조용한 집도 있고, 무뚝뚝한 집도 있고, 자주 싸우고 자주 화해하는 집도 있어.

그런데 중요한 건!

집에서는 안전하다고 느껴야 해. 우리는 어린이잖아. 어른들의 보호를 받아야 해. 가족이 나를 자꾸 때리거나 불안하게 한다면 잘못된 거야. 이럴 때는 꼭 다른 어른한테 말해서 도움을 받아야 해. 말했는데도 내 말을 안 믿거나 거짓말이라고 생각할 수도 있어. 그래도 포기하지 말고 다른 어른한테 말해. 내 말을 믿고 나를 도와줄 만한 어른. 아무도 안 들어 주면 경찰서에 찾아가도 괜찮대. 알겠지?

"그래, 요리는 딱 정해진 재료로만 하진 않아. 같은 요리라도 집집마다 다르게 하더라."

"김치찌개도 참치 통조림을 넣는 거랑 돼지고기를 넣는 건 맛이 아주 다르지."

"처음에는 가족 요리책에 우리 가족 이야기를 쓰는 게 쑥스러웠어."

"근데 오늘 얘기해 보니, 자기 가족 이야기를 써서 더 재미있는 것 같아."

"나도 그래. 말하고 나니 속이 좀 시원하다."

"그리고 우리 오빠는 어렸을 때 다쳐서 다리가 좀 불편해. 그래서 엄마가 더 챙기는 걸 거야. 아까 그냥 차별하는 것처럼 이야기한 것 같아서."

"자세히 들여다보니 걱정 없는 집이 없구나."

"맞아, 맞아."

"맞아. 남들이 힘들 거라고 생각하는 집도 웃을 일이 많고."

집으로 돌아가는 길에 동민이가 불렀다.

"율아, 너도 혹시 새아빠가 생길지도 모르니까 궁금한 거 있으면 나한테 물어봐. 내가 선배잖아."

"무슨 소리야?"

"나는 콩쥐 팥쥐 이야기가 정말 싫어. 새엄마라고 무조건 콩쥐를 미워한다는 게 말이 안 되잖아. 우리 새엄마는 세상에서 나를 가장 좋아해."

"갑자기 그 말을 왜 하는데?"

"그냥, 새엄마라고 하면 사람들이 이상한 눈으로 보길래. 나는 새엄마 좋다고."

"원래 엄마보다?"

"둘을 꼭 비교해야 하는 거야? 엄마, 아빠 중에 누가 더 좋냐는 거랑 똑같아. 바보 같은 소리야."

동민이랑 헤어지고 집으로 가는데 왠지 간질간질한 느낌이 들었다. 우리 엄마도 연애해. 하고 말하고 싶었다.

우리 집만의 김밥

엄마 아빠가 이혼했어.

처음에 부모님이 이혼하신다고 했을 때는 내가 말을
잘 안 들어서인 줄 알았어. 나를 사랑하지 않아서
참지 않고 이혼한다고 생각했어. 그런데 그게 아니었어.
엄마는 아빠랑 같이 사는 것보다 따로 사는 게
더 행복할 거라고 생각했대. 이혼을 해도 우리 엄마,
아빠야. 이혼하고 힘들어하는 부모님도 있지만,
더 행복해진 부모님도 있어.

우리 집 김밥 요리사는 아빠야.
우리 아빠는 네모반듯한 걸 좋아해서
김밥도 네모나게 해. 하지만 내가
좋아하는 햄이 아주 큼직하게 들어
있어서 진짜 맛있다!

몸이 불편한 가족이 있어.

우리 오빠는 장애가 있어. 장애가 있는
가족이 있으면 다른 사람들은 그 사람을
특별 대우하게 돼. 이건 좋은 의미로
배려하는 거지만, 나쁜 의미로 따돌리고
제외시키는 거지. 불편한 부분을
도와주는 건 당연하지만, 혼자 할 수
있는 것까지 도우면 곤란해.

우리 엄마는 외국 사람이야.

우리 엄마는 러시아에서 왔어. 엄마랑 나랑 같이
나가면 사람들이 쳐다봐. 내가 볼 땐 사람들이 다
다르게 생겼는데, 왜 신기해하는지 모르겠어.
점점 외국에서 온 사람들이 늘어나고 있다니
쳐다보는 사람도 줄어들겠지.

우리 집 특제 김밥은
바로 김치 김밥이야.
김치를 죽 찢어서 김밥
속에 넣으면 아주 맛있어.
이 김밥은 통째로 들고
먹어. 정말 맛있어.

우리 엄마는 소간이 들어간
러시아식 파이를 자주 구워 주셔.
김밥에도 소간을 쪄서 으깨어 넣지.
얼마나 맛있다고.

우리 가족, 이럴 때 부끄럽다!

저희 왔어요. 엄마, 아버지.

할머니, 할아버지!

어서들 와라. 먼 길 오느라고 애썼다.

엄마, 뭐 드시고 싶으세요?

저기 팥죽 잘하는 집 있다는데, 거기 가 보자.

팥죽? 생신인데 고기 같은 거 드셔야죠.

난 팥죽이 좋다. 그 식당이 맛있다는 이야기를 하도 들어서 꼭 가 보고 싶어.

엑, 나는 팥죽 싫은데.

어, 칼국수네?

아, 엄마가 예전에 팥 칼국수 잘 끓여 줬는데.

서울 사람들은 이걸 꼭 칼국수라고 하더라.

맞아, 여기서는 팥죽이라고 하지.

팥죽은 겨울에 많이 먹지만 이건 여름에 많이 먹잖아.

차게 식혀서 물김치랑 같이 먹었죠.

맞아, 그거 꼭 푸딩 같아. 정말 맛있어요.

율이도 먹어 봤구나? 요새는 귀찮아서 안 하게 되네.

가끔 이렇게 사 드세요.

요새 음식 담당은 나다.

네 아부지 곧잘 해.

너희 엄마가 맨날 돌아다니느라 바쁘니 아쉬운 사람이 해야지.

숨겨진 재능을 찾았으니 얼마나 다행이유.

화장실 좀.

너는 요새 만나는 사람 없냐?

엄마, 남자 친구 있어요.

진짜? 본인도 만나 봤어? 뭐하는 사람이야? 엄마랑 결혼하고 싶대?

엄마, 아직 그런 사이 아니에요!

사람도 팥죽처럼 식었을 때도 맛있는 사람이 진국이다.

......

그러고 보니 민우 아저씨는 김이 펄펄 나는 해물 칼국수 같지 팥 칼국수는 아닌 것 같다.

특별한 날 보내기

어렸을 때 엄마가 햄버거에 국기 달린 꽂이를 꽂아 주는 게 참 좋았어.
국기 달린 꽂이처럼 음식을 더 특별하게 만들어 주는 장식들이 있지.
기념일도 가족을 좀 더 특별하게 만들어 주는 날이야.

그 날의 의미를 생각해 보자
예를 들어, 생일을 왜 축하하는지 생각해 보면 더 기쁜 날이 되겠지. 내가 태어난 날, 부모님이 엄마, 아빠가 된 날!

명절을 즐겁게!
설날, 추석 같은 명절날에는 흩어져 사는 가족들이 함께 모이기도 하고, 긴 휴가라서 가족끼리 여행도 가지. 어느 쪽이든 즐거운 쪽으로!

특별한 날 특별한 걸 해 보자
예를 들어, 생일마다 집 앞에서 온 가족이 사진을 찍는 거야. 5년, 10년 계속 하다 보면, 사진에 특별한 의미가 새겨지겠지.

가족은 함께 만들어 가는 것

어느 날, 엄마가 가족회의를 소집했다.
"의논할 게 있어. 엄마 일에 관한 건데, 너희 의견이 중요해."
엄마는 카페를 운영하는 일보다는 직접 요리를 하고 싶다고 했다.
그래서 가영이 엄마랑 같이 식당을 열 계획이라고 했다.
"우아! 엄마 사장님 되는 거야?"
범이는 바로 찬성이다. 나도 엄마가 좋아하는 일을 하는 게 좋을 것 같다.

가족회의하는 법

> 회의할 때는 남의 말도 좀 들읍시다, 가족 여러분!

함께 지내는 여러 사람이 어떤 걸 결정할 때는 의견을 모으는 게 좋아.
가족도 마찬가지야. 부모님은 '애들이 뭘 알아?' 하고 생각할 수도 있지.
하지만 우리 어린이들도 가족의 구성원이니까 의견을 말하는 게 좋지.
부모님이 가족회의를 어떻게 해야 할지 모를 수도 있어.
그러면 우리가 제안하면 돼.

어떤 이야기를 할까?

가족의 결정은 서로에게 큰 영향을 미쳐.
부모님이 멀리 이사 가기로 했다면 우리는 친구랑
헤어져야 하고, 학교를 옮겨야 해. 이런 중요한
문제는 같이 이야기하는 게 좋다고 생각해. 이런
큰 문제 말고 텔레비전 보는 것, 방 치우는
것까지 다 가족과 함께 이야기할 수 있지.

> 오늘 가족회의 주제는 "카레에 어떤 재료를 넣을까?"입니다. 모두 모이세요.

> 언젠가부터 카레에 가지가 들어가 있는데, 카레에 가지가 들어가는 것에 반대합니다!

> NO가지

> 하지만 가지를 좋아하는 가족들은 어떻게 하지요?

> 가지도 맛있다!

> 토마토는 어때?

누가 시작할까?

누구든 가족회의를 요청할 수 있어야 해.
일주일에 한 번씩 정기적으로 할 수도 있고,
긴급 회의를 제안할 수도 있지. 이야기할
내용을 미리 식구들 눈에 잘 띄는 곳에
적어 놓으면 좋아. 그러면 다른 식구들도 미리
생각해 놓을 수 있거든. 회의에서 결정된
내용도 잘 정리해서 모두가 볼 수 있게 하자.

어떻게 진행할까?

회의를 진행하는 사람이 있으면 좋겠지. 그날그날 정해도 돼.
불만을 말할 때는 정중하게 문제를 이야기해. 누구를 비난하거나
불평을 터트리는 건 좋지 않아. 그래서 어떤 가족들은 회의할 때
어른 아이 모두 존댓말을 쓴대. 우리 가족끼리 규칙을 만들어도 좋지.
한 사람이 말을 시작하면 중간에 끊지 말기 같은 거.

> 카레는 끓이면 여러 끼니를 먹는데, 누군가 싫어하는 재료가 들어가면 안 된다고 생각합니다!

가족회의를 하지 않는 집은?

회의가 뭐 별건가. 서로 모여서 의논하는 거지.
어떤 부모님들은 아이들을 같이 의논할
상대로 보지 않아. 그냥 어른이 결정한 대로
따르면 된다고 생각하기도 해. 가족회의가
없더라도 의견을 이야기하고 싶다고
어른들께 말씀드려 보자.

> 그렇다면 가지를 좋아하는 사람은 가지를 구워서 카레 위에 따로 올려 먹읍시다.

> 그렇게 하면 요리하기 좀 귀찮은데. 어쨌든 카레에는 넣지 않겠습니다. 가지는 먹고 싶은 사람이 하기!

가족끼리 이것만은 지키자!

여러 사람이 함께 살아가려면 지켜야 할 것들이 있어. 그런 걸 정해 놓은 걸 규칙이라고 부르지.

규칙은 지킬 사람들이 함께 정해야 해. 남이 정한 규칙은 좀 지키기 싫기도 하잖아. 우리 집의 규칙을 함께 만들어 봐.

> 이건 아빠가 특별히 신경 쓰세요.

화장실 쓰고 나올 때 깨끗한지 꼭 확인하기

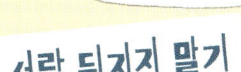

> 엄마, 조심해 주세요.

남의 서랍 뒤지지 말기

> 이것도요.

일기장 엿보지 말기

싸울 때 약점은 건드리지 않기!

> 엄마가 한국말이 서툰 걸 지적하면 안 되죠.

약속을 안 지켰을 때 벌칙을 정할 수도 있어.

찬물로 세수하기

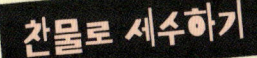

일주일 동안 컴퓨터 쓰지 않기

사실 요새 계속 김동민이 신경 쓰였다. 근데 이런 걸 받고 보니 기분이 묘하다. 며칠 동안 주머니 속에 넣어 가지고 다니다가 그냥 필통에 넣어 뒀다. 김동민도 별로 특별한 행동은 없었다.

가영이네

요즘은 가영이 할머니가 일을 하시게 됐고, 아빠는 집에서 살림을 하고 있다고 한다. 막상 그렇게 일을 나누니 오히려 집안이 평화로워졌다. 이따금씩 할머니가 혀를 차시긴 하지만, 아빠의 보르시 솜씨도 점점 늘고 있단다.

가족은 선택이자 운명

드디어 무지개 카페가 문을 열었다.

메뉴는 러시아 음식, 한국 음식이 골고루 섞여 있다.

가족들이 먹어 보고 좋은 점수를 준 음식들이 메뉴가 되었다.

카페의 가구들은 여기저기서 얻고, 부족한 것은 가영이 아빠가 만들었다.

가영이 아빠는 목수 일이 재미있어서 앞으로 가구 만드는 일을

배워 본다고 한다. 가영이 엄마랑 우리 엄마는 개업식 준비 때문에 바빴다.

아침 일찍부터 카페로 나가 음식을 만들었다. 나랑 범이는

가영이네 집에 가서 놀다가 카페로 갔다.

카페는 한국과 러시아가 어우러지고, 젊은 사람과 나이 든 사람이 어우러지고, 밥과 빵이 어우러지고, 커피와 각종 효소 음료들이 어우러지는 공간이다. 카페에서 뜨개질 수업도 하고, 전시도 할 계획이라고 한다. 벌써 가영이 아빠가 만든 특이한 의자들이 놓여 있다.

가게에 모인 사람들의 시선을 받게 된 민우 아저씨는 민망해하다가 큰 소리로 인사했다.

다양한 가족

요리가 다양하듯 가족의 형태도 아주 다양해. 어떤 형태의 가족이든 행복하기 위해 함께 노력한다면 근사한 맛을 낼 수 있을 거야.

오늘은 가족 요리책을 발표하는 날이다.
우리 네 사람은 다 같이 나가서 맡은 부분을 발표했다.
요리책의 마지막 부분은 내가 썼다.

행복하게 사는 법

가족은 성장하는 공간입니다.
어린이들은 즐겁게 놀고 공부하면서 자라고,
어른도 어린이들의 성장을 도우면서 함께 성장해 나간다고 합니다.
어른들도 완벽하지 않습니다. 하지만 꼭 완벽해야 할까요?
우리 엄마는 엄마 노릇이 처음이라고 했습니다.
나도, 내 동생도 자식 노릇은 처음입니다.
모두 처음이니까 잘못하고 실수할 수 있습니다.
가족끼리 싸우고 상처를 줄 수도 있습니다.
하지만 문제를 알고 이야기할 수 있다면,
더 나은 방법을 같이 고민해 간다면,
다시 시작할 기회는 항상 있습니다.
우리가 만들고 싶은 가족은 완벽한 가족이 아니라
행복한 가족이니까요. 행복한 나니까요.

집에 돌아와 엄마랑 범이랑 나만 있으면 조용해서 또 좋다.
여전히 아빠 자리가 비었다고 여겨지지만 그래도 괜찮다.

얘들아, 엄마한테 와 줘서 고마워.

우리가 엄마를 고른 거예요?

그럼, 범이가 저 위 아기 나라에 살다가 땅을 내려다보면서 엄마, 아빠 삼고 싶은 사람을 골라서 온 거지. 누나랑 범이는 같은 엄마, 아빠를 골랐네.

가족이 되는 건 운명이라고 생각했는데 선택한 거예요?

운명? 아, 그것도 맞는 것 같네. 가족은 선택이기도 하고, 운명 같은 일이기도 하네.

선택해서 운명이 되기도 하고, 운명이라 선택했을 수도 있고.

엄마, 나는 무슨 말인지 모르겠어요.

선택? 운명?

앞으로 우리 가족에게 또 어떤 변화가 생길지는 모르겠다. 변화가 있을 수도 있지만,
지금도 충분히 행복하다.

율아, 범아 엄마한테 와 줘서 정말 고마워.

가족이 된 건 기적 같은 일이에요.